W0399726

www.editions.flammarion.com

© 2006 Père Castor Éditions Flammarion pour la présente édition.
© 2004 Père Castor Éditions Flammarion pour la première édition
Éditions Flammarion (N°3264) – 87, quai Panhard et Levassor – 75647 Paris cedex 13
ISBN : 2081632640
Dépôt légal : mars 2006
Loi n° 49-956 du 16 juillet 1949 sur les publications destinées à la jeunesse.
Imprimé en Chine par Holinail, 16 rue de la Pierre Levée 75011 Paris

La petite souris qui a perdu une dent

Clair Arthur

Marc Boutavant

Père Castor Flammarion

Oh ! il est l’heure !
Vite, Noisette enfile son sac à dos à dents.
Aujourd’hui, Zaza, cette chipette à couettes,
a perdu une dent sur le devant.

Un clic, deux clics, la petite souris
ferme la porte de son nid.
Elle habite dans le noir, sous la baignoire.

Elle se dépêche.
Minuit est passé.
Ses pattes glissent sur le carrelage.
Elle connaît le couloir. Elle fonce.
À gauche toute, la chambre de Zaza.

Ça va, tout est calme.
Hop ! par-dessus les ours, les crocodiles et les pandas.
Mais quand est-ce qu'elle range sa chambre, cette chipette ?

Un bond.
Plouf ! sur la couette.
Heureusement, Zaza dort comme un ange.
Alors, où est-elle, cette dent ?
Noisette s'enfonce sous l'oreiller.
Mais où est-elle ?

Ah ! ça sent la dent de lait, par ici.
La voilà.
– Mon sac à dos à dents..., murmure la souris.

Ho ! hisse ! la dent dedans… et le tour est joué.
– Nom d'un fromage qui rit ! s'exclame Noisette.
J'ai oublié la pièce ! Il faut que je retourne la chercher chez moi.
Ah ! là, là ! Quand est-ce que je vais pouvoir dormir ?

Noisette saute au bas du lit.
Elle bondit par-dessus les ours, les crocodiles, les pandas…
Le couloir, à fond la caisse.
La salle de bains…

Catastrophe !
La petite souris s'écrase le nez contre une mule.
Mais qui a laissé traîner cette sandale au milieu du chemin ?
Rien n'est jamais rangé dans cette maison.
– Oh non ! crie Noisette.
Je me suis décroché une dent !

Vite, vite ! la petite souris range sa dent avec celle de Zaza.
Vite, vite ! Clic, clic ! elle rentre dans son nid.
Elle ôte son sac à dos à dents.
Elle enfile son sac à dos à pièces.

Clic, clic ! Attention à la sandale,
la petite souris fonce dans le couloir.
Les peluches, un bond, deux bonds,
elle est revenue sous l'oreiller de Zaza.
Le sac à dos à pièces…
Et zou ! la pièce sous les plumes.
Mission accomplie.
Zaza, demain à son réveil, trouvera un beau sou tout neuf.

Tac, tac ! par-dessus les ours, les peluches,
elle rentre au nid.
Ouf ! quelle nuit !

Elle s’allonge sur le paquet de lentilles
qui lui sert de lit.
Elle soupire.

Elle essaie de dormir.
Mais une chose l'empêche de fermer l'œil : sa dent.
Alors, Noisette se lève.
Du sac à dos à dents, elle sort sa canine, cassée nette à la base.
Une si belle canine…

Ça non, elle ne va pas la ranger sur le tas de dents que Zaza et ses frères et sœurs ont déjà perdues.

Noisette a une idée.
Elle sait où elle va la mettre, sa dent.
Sous son oreiller de semoule de couscous…
Comme ça elle aura un sou, elle aussi.
Enfin, peut-être.

Mais qui va lui apporter la pièce ?

Cette question empêche encore la petite souris de dormir.
Elle guette. Elle fait semblant de fermer les yeux.
Elle les garde un tout petit, tout petit, tout petit peu ouverts.
Par la toute petite, toute petite, toute petite fente,
elle surveille les quatre coins de son nid.
– Si quelqu'un se pointe avec une pièce,
je ne peux pas le manquer, pense Noisette.

Au bout d'un moment, la toute petite,
toute petite, toute petite fente se réduit.
Et se ferme.
La petite souris dort.

Pressée, pressée, qui passe, aïe !
sous la porte du nid de la petite souris ?
Aïe, aïe ! Qui se glisse donc sous la porte et, zut !
coince son sac à dos à pièces ?
Ah ! là, là ! le sou est bien trop gros. Passera pas.
Qui tire, tire sur le sac, de toutes les forces de ses huit pattes ?
Hooooo ! hhhhhiiiiisse !

Ça y est, la pièce est passée, mais le sac est cassé.
Et Suzette, l'araignette, s'est cassé la binette… et les lunettes.
– Ma dent, j'ai perdu une dent, se lamente Suzette.
Voilà ce qui arrive quand je suis trop pressée.

Aïe ! Hop ! l'araignette, qui s'est fait mal au dos,
dépose sous l'oreiller de Noisette un sou de souris bien brillant.

Sans lunettes, sa dent dans une chaussette,
Suzette repasse, aïe, aïe !
sous la porte du nid de la souricette.

Aïe, aïe ! mais quel métier…
– Dès que je rentre dans ma toile, je me couche, dit Suzette.
Mais avant de dormir, je mets ma dent sous mon fil.